DHELLANCOURT EN OISANS

à Monsieur Louis Teste
affectueux hommage
[illegible]

Tiré au total à 30 exemplaires
sur papier de Hollande.

Ils renferment la reproduction d'une carte manuscrite inédite du XVIIIe siècle, obligeamment communiquée par M. Honoré PALLIAS.

N° 3.

Louis Teste, né à Bourgoin
est réd. en chef du Gaulois.
J'ai racheté cet envoi
[illegible]

LE

VOYAGE DE DHELLANCOURT
EN OISANS

(1785)

PUBLIÉ PAR

PAUL GUILLEMIN

(Avec une Carte)

GRENOBLE
IMPRIMERIE F. ALLIER PÈRE ET FILS
Grande-Rue, 8, cour de Chaulnes
—
1892

OBSERVATIONS MINÉRALOGIQUES

Faites dans le Dauphiné,
depuis la source de la Romanche jusqu'à la
plaine de l'Oisans, en août et septembre 1785([1])

Par M. DHELLANCOURT, Ingénieur des Mines

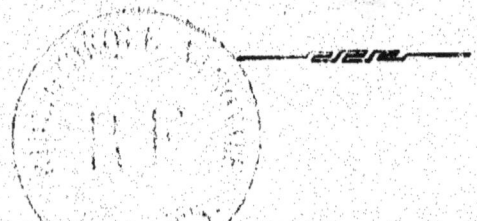

Les sujets d'actualité commencent à manquer à la Rédaction de l'Annuaire ; aussi, donne-t-elle avec empressement l'hospitalité aux manuscrits inédits dus à nos précurseurs dans les Alpes; toutefois, cette veine est pauvre et sera vite épuisée.

La collection des documents alpins, anciennement

imprimés, est, au contraire, très riche en ce qui regarde la province du Dauphiné; mais la plupart, perdus dans d'épais recueils qu'on n'ouvre plus, n'ont même jamais été signalés dans les bibliographies modernes spéciales. Il en est pour lesquels cet oubli est injuste; le court mémoire que nous réimprimons est de ces derniers. Il est extrait de: Observations sur la physique, sur l'histoire naturelle et sur les arts, avec des planches en taille-douce, dédiées à Mgr le comte d'Artois; juillet 1786, tome XXIX, à Paris, au bureau du « Journal de Physique », M. DCC. LXXXVI.

A côté d'aperçus géologiques qui ont fait leur temps et que nous ne prendrons pas la peine d'annoter, on trouvera, concernant les mines, les coutumes et les mœurs, des observations qui ont gardé toute leur valeur, de curieuses indications de noms de lieux, ainsi que d'intéressants sujets de comparaisons entre l'état ancien de la montagne et celui actuel.

Une réimpression semblable n'étant pas faite pour les écoliers, nous avons été sobre de notes. Il y a d'ailleurs quelque sottise à faire un facile étalage d'érudition en pareille matière; ceux qui, sur le vu du titre, prendront la peine de lire le mémoire de l'ingénieur Dhellancourt connaissent mieux que nous la région décrite et sauront mettre au point.

Paul GUILLEMIN.

La Romanche prend sa source à environ deux lieues du Villar-d'Arêne, village qui se trouve sur la petite route de Grenoble à Briançon. La direction de cette rivière à sa source est du sud-ouest au nord-est; mais elle change bientôt et tourne vers l'est. Elle n'est à son origine que l'écoulement des glaciers immenses qui enveloppent presque toute la surface élevée des montagnes qui l'environnent. Cette rivière est déjà volumineuse et rapide au Villar-d'Arêne, où elle s'est creusé un lit profond dans le schiste argileux qui est appuyé sur la base de la montagne appelée la *Sure* [2].

MONTAGNE DE LA SURE. — Cette montagne s'étend du sud-est au nord-ouest ; elle est fort élevée ; sa cime est toujours couverte de neige. Sa surface est presque par tout aride et très escarpée. On n'y rencontre que rarement quelques brins de sapins qui y végètent languissamment ; le genre de pierre qui constitue la masse de cette montagne est la roche feuilletée primitive quartz et mica par couches minces alternatives, *le kneiss* des Saxons. Les couches de cette montagne sont très irrégulières. On a découvert à sa surface plusieurs filons de cuivre et de plomb.

FILON DE PLOMB. — L'un d'eux qui est le plus élevé est un filon de mine de plomb à l'état de galène ; dans l'espace de 4 à 5 toises que j'ai pu suivre ce filon à découvert, sa puissance m'a paru varier de 3 à 7 et 8 pouces : la pierre de *la gangue* ou la matrice du minérais est le quartz. Sa direction fait à peu près un angle de 45° avec celle de la montagne. Il coupe perpendiculairement les couches du rocher. Quelques paysans du Villar-d'Arêne exploitent ce filon et vont vendre le plomb à Allmont où il est nécessaire pour fondre le minérais d'argent, de la mine des Chalanches.

Filon de cuivre et de plomb. — A quelques toises plus bas, sur la même face de la montagne, est un autre filon. Celui-ci a une direction parallèle à celle de la montagne. Il s'incline de 15° au sud-est. Il fournit de la pyrite cuivreuse, de la chaux de cuivre bleue et verte, et aussi de la mine de plomb à grain d'acier souvent strié. La pierre dominante de *la gangue* m'a paru être le quartz. J'y ai vu du spath pesant.

Filon de cuivre et d'arsenic. — Des paysans du Villar-d'Arène travaillent encore depuis peu à un autre filon qui s'est trouvé plus bas que le dernier, toujours sur la même face de la montagne; mais dans un endroit moins escarpé que les précédents. Ce filon paroît aussi, autant qu'on en peut juger à-présent, avoir la même direction que la montagne et s'incliner de quelques degrés vers le sud-est. On y trouve de la mine de cuivre jaune, quelquefois chatoyante et approchant pour l'aspect de celle que les allemands appellent *paon schwesel*, *queue de paon*. Ce même filon fournit abondamment une pyrite grise très chargée d'arsenic.

La pierre de *la gangue* paroît être aussi le quartz; on y voit en outre une terre ochreuse brune.

J'ai vu encore, en différents endroits de la surface de cette montagne, des indications de filons cuivreux ou au moins pyriteux et quelques tentatives faites par les paysans; mais les filons que je viens de décrire m'ont paru seuls jusqu'à-présent mériter quelqu'attention particulière.

Mine de fer micacée attirable à l'aimant. — Au Pic du Bec, l'une des cimes de cette montagne de la

Sure, se trouve une mine de fer micacée. J'en ai vu plusieurs morceaux qui agissoient très fortement sur le barreau aimanté. Quelques-uns même se sont trouvés avoir deux pôles. Le Pic du Bec étoit couvert de neige lorsque je fus dans le pays.

Il pourroit être intéressant sans doute de connoître mieux l'intérieur de la montagne de la Sure et d'y tenter quelque exploitation plus régulière que celles que pratiquent les paysans ; mais de grands obstacles s'opposeroient à la réussite de cet établissement. D'abord la disette extrême de bois dans tous ces environs, où les habitans même ne brûlent que de la fiente de bestiaux desséchée, les escarpements et les précipices qu'on rencontre à chaque instant permettroient difficilement de faire sur cette montagne des chemins praticables même pour des hommes à pied. D'ailleurs ce pays manque de débouchés et n'a que des communications difficiles et très souvent interrompues avec les plaines du Dauphiné et le reste du monde. Quelques habitans m'ont dit que pendant l'hiver leurs maisons sont ensevelies souvent jusqu'aux deux tiers de leur hauteur par les neiges. Ces malheureux alors manquant de combustibles, n'ont d'autres ressources pour se soustraire au froid qui les feroit périr, que de se réunir dans les écuries ou les étables avec les bestiaux qu'ils y nourrissent de fourrages secs amassés pendant l'été. La rareté du bois expose aussi ces habitans à manquer de pain. Ils récoltent, sur quelques pentes les moins rapides des montagnes, du bled sarrasin et de l'orge, et cette récolte suffit pour leur provision ; mais leur embarras est de cuire la pâte qu'ils ont formée avec ces grains ; aussi, quand ils ont pu amasser assez de bois ou de paille pour chauffer le four banal du village, ils cuisent alors du pain pour plusieurs années. J'ai goûté de leur pain cuit de deux ans [3], il étoit très compacte et applati à-peu-près comme les biscuits de mer, on est obligé de le casser avec le marteau et de le laisser tremper dans un liquide avant de pouvoir le manger.

La rive droite de la Romanche opposée à la montagne de la Sure, est composée d'un amas de schistes argileux qui approchent de l'état d'ardoise. Ces schistes sont pénétrés d'une infinité de petites veines calcaires. Ils recouvrent en grande partie les montagnes granitiques qui bordent la Romanche de ce côté, comme de l'autre, en s'étendant sur une direction moyenne du sud-est au nord-ouest.

Il paroît qu'il a existé à cet endroit un bassin considérable dont les eaux ont déposé successivement les bancs schisteux qu'on y trouve. En examinant cette partie de terrein avec un peu d'attention, on voit bientôt que ces dépôts sont une suite nécessaire de la direction des courans qui avoient lieu. Les eaux qui forment la Romanche viennent du sud-ouest. On apperçoit vers le sud-est une gorge profonde à l'origine de laquelle je n'ai pas remonté, mais dont la direction fait un angle de 70 à 80° avec la gorge plus large et plus profonde encore dans laquelle la Romanche commence à couler au pied des glaciers. La résultante de ces deux directions, supposant les forces égales, devoit tendre au nord-nord-est ; mais les eaux de la Romanche ayant plus de volume, comme on en peut juger par la différente capacité des lits séparés des deux courans, cette rivière a dû conserver une influence proportionnée à son impulsion successive et dévier les eaux de la direction nord-nord-est, en les amenant jusqu'à l'est. La rapidité du courant diminuant à mesure que les parties du fluide divergeoient et s'éloignoient de la résultante des deux directions, les eaux devoient arriver vers l'est et ne conserver qu'un mouvement circulaire assez foible pour laisser déposer dans cette partie les matières qu'elles charioient et y former des aterrissements, ce qui est arrivé en effet. Ces dépôts se sont élevés peu-à-peu au point de former eux-mêmes une digue qui resserre actuellement les eaux de la Romanche dans un canal étroit et très-creux au pied de la montagne de la Sure. C'est sur une partie de ces anciens dépôts qu'est situé le village du Villard-d'Arêne.

A environ 200 toises d'élévation au-dessus de ce village, vers l'Orient, il existe un lac [1] qui étoit autrefois, dit-on, beaucoup plus considérable ; les habitans assurent qu'il décroît d'une manière sensible. On ne lui voit cependant aucune issue, mais on est persuadé dans le pays qu'il s'est formé un espèce de canal souterrein par lequel il va se dégorger dans la Romanche. On croit que ce canal souterrein passe vers l'église du village, parce que depuis quelques années le terrain s'est affaissé dans cette partie d'une manière assez marquée, et qu'il y a dans cette même direction, sur le bord du lit de la Romanche, une source profonde qui fournit beaucoup. Les eaux de ce lac sont le produit de l'écoulement des pluies qui tombent sur les faces des montagnes et des côtés qui l'environnent. Il n'est entretenu par aucun glacier.

En suivant le cours de la Romanche, après avoir

quitté le Villar-d'Arêne, on passe le long des bancs de schiste coupés à pic sur une hauteur de plus de 40 toises. Quelques morceaux suspendus menacent les voyageurs de se détacher sur-tout dans les tems humides. On arrive au village de la Grave, situé sur la rive droite de la Romanche et on suit des yeux, à la rive gauche, la chaîne de granite qui se continue depuis la montagne de la Sure. Cette chaîne est profondément sillonnée de distance en distance par les torrens qui forment ce que les gens du pays appellent des *couloirs* ou *combes*, en tombant des vastes glaciers qui en couvrent les sommets. En été, lorsqu'un vent chaud vient augmenter subitement la fonte des glaces, ces torrens entraînent des quartiers énormes de rochers, grossissent tout à coup la Romanche et occasionnent sur ses bords des ravages affreux.

Le village de la Grave est encore assis sur des bancs de schiste; mais dont les pentes sont plus douces qu'au Villar-d'Arêne. Les terres des environs sont cultivées en plus grande partie.

Après la Grave on est obligé de quitter la rive droite de la rivière. On passe un pont de bois appuyé sur deux énormes blocs de granite.

MINE DE PLOMB D'ÉCHILOSE [5]. — Entre le village de la Grave et Loche, sur la rive gauche, se trouve la mine d'Échilose qui fournit du plomb à la fonderie d'Allmon. Cette mine est précisément sous un glacier, ce qui en rend l'accès très difficile à cause des avalanches qui ont lieu fréquemment. Le très-mauvais tems qu'il fit pendant mon séjour dans ce lieu m'empêcha de visiter cette mine.

On croit à la Grave d'après d'anciens papiers qui en font mention, qu'il y a eu deux filons sur cette montagne, qui étoient exploités par des protestans avant l'édit de Nantes, et que l'un de ces filons contenoit de l'or et l'autre du plomb. M. Schrieberg [6] qui a vu cette mine et qui a même pensé y périr, m'a dit n'y avoir vu qu'un filon de plomb qui est un des plus beaux de ce canton.

Après être descendu la montagne d'Échilose, on passe à Loche, nom qu'on a donné à une espèce d'auberge qui est là isolée.

La Romanche continue de couler suivant la même direction du sud-est au nord-ouest dans une gorge appelée la gorge de *Maraval* [7]. Elle est bordée de rochers de granite et de kneis, très-élevés et arides qui donnent à ce site un aspect des plus sauvages ; la vue s'arrête de tems en tems avec étonnement et admiration sur des cascades et des chûtes d'eaux, qui, roulant rapidement des sommités plus élevées des montagnes, se précipitent en napes brillantes aux endroits où le rocher à pic ne laisse plus qu'une surface perpendiculaire.

Le lit de la Romanche est jonché de débris des couches schisteuses, ce qui donne à ses eaux un coup d'œil noirâtre. Il y a aussi beaucoup de granites roulés. L'un d'eux m'a paru remarquable par sa beauté. Il est composé d'un quartz verdâtre, de petits schorls noirs et de cristaux de feldspath d'un très joli rose. Je crois que ce granite vient des montagnes qui confinent la Savoye derrière la Grave, le Villar-d'Arêne, etc., du moins je l'ai remarqué en plus grande quantité dans les couloirs qui amènent les eaux de ce côté.

En avançant dans la gorge de Maraval, je ramassai une espèce de kneiss particulière, et dont la nature est intéressante. Il est composé de couches alternatives assez serrées de mica noir et de spath calcaire ; je n'avois vu jusques-là dans cette gorge que le *kneiss* ordinaire composé de mica et quartz. Je ne tardai pas à appercevoir la montagne d'où venoient les pierres qui m'occupoient. Elle étoit aussi élevée que les autres montagnes voisines ; ses couches étoient à peu près horisontales, et plus rarement ondulées et tourmentées que celles des autres montagnes de kneiss. La direction de ces couches et celle de la montagne étoit la même que celle de la gorge.

En quittant cette montagne qui avoit attiré mon attention pendant quelques momens, je commençai à découvrir le mont de Lans ; il semble d'abord une large masse qui obstrue la gorge sans laisser d'issue à la rivière ; mais à mesure qu'on approche on découvre avec plus de plaisir les détails de cette montagne. Un peu avant d'arriver au pied du mont de Lans, on voit encore des amas schisteux très-considérables qui forment un grand bassin. La Romanche reçoit à cet endroit un torrent par lequel s'écoulent les eaux des faces du mont de Lans opposées au sud-est et au sud. Ce torrent vient joindre la Romanche à angle droit. C'est lui sans doute qui a occasionné les atterrissemens qui sont dans cette partie, et a forcé la Romanche à changer la direction de son cours, car elle commence alors à couler du sud-ouest au nord-est en entrant dans la gorge très resserrée, appelée la *balme d'Oris* où cette rivière reprend ensuite à peu près la direction du sud-est au nord-ouest.

La balme d'Oris prend son nom de la montagne qui occupe la rive droite de la Romanche, où est le village d'Oris qui s'étend dans la même direction que cette gorge et la domine en partie. Un des flancs du mont de Lans occupe la rive gauche.

Je vais d'abord parler de la montagne d'Oris et revenir ensuite au mont de Lans.

La pierre constituante de la montagne d'Oris est en général le *kneiss* ou la roche feuilletée mica et quartz à couches plus ou moins serrées, quelquefois le schorl en roche pénétré de stéatite. Les couches varient infiniment quant à leur direction et à leur inclinaison. Cette montagne est cultivée et riche dans certains cantons, sur-tout autour du village d'Oris, mais elle est très-escarpée dans beaucoup d'autres. Entre le village d'Oris et celui de Fresney est une espèce de combe assez creuse formée par la chute des eaux des cimes supérieures des rochers. Cette combe offre beaucoup de schiste dont les couches sont ou très-inclinées ou perpendiculaires. Entre ces couches il s'en est trouvé de plus noires que les autres et capables de brûler, mais difficilement. Les habitans ont extrait beaucoup de cette matière terreuse, et lui ont donné le nom de charbon de terre. Ils viennent même à bout de la faire brûler, et de s'en servir l'hiver en la mêlant avec du bois. Ce schiste noir particulier m'a paru exister principalement dans les endroits où les eaux se sont infiltrés entre les couches perpendiculaires et y ont entraîné diverses matières, et surtout des débris de végétaux que j'y ai encore retrouvés à demi-noirs, pulvérulens et comme dans un état charbonneux; il me semble que les pyrites qui sont assez communes dans ces montagnes s'étant décomposées à la faveur de l'humidité et de l'infiltration continuelle de ces eaux entre ces couches de schiste, ont pu charger ces mêmes eaux d'une quantité d'acide vitriolique suffisante pour charbonner les débris de végétaux qu'elles rencontreroient, et que ces parties charbonneuses étant déposées et ensuite incorporées dans la couche schisteuse, ont pu produire cette espèce de charbon terreux.

La montagne d'Oris offre beaucoup de choses intéressantes pour les cabinets de minéralogie. On a trouvé dans différents endroits de la balme d'Oris, entre les couches du rocher du schorl violet rhomboïdal, le même octaèdre ; mais ce dernier est beaucoup plus rare ; le schorl vert, en faisceaux d'aiguilles prismatiques, terminés par des pyramides obtuses tétraèdres. Auprès du village d'Ilwes [8] on trouve du fer micacé en segmens de prisme hexagone, attirable à l'aimant, enfin l'espèce de pierre en macle, d'un blanc laiteux, éclatant et regardé par quelques naturalistes comme *feld-spath* et par d'autres comme *schorl* blanc. Tous ces différens cristaux se trouvent dans les cavités ou fentes des roches et souvent dans l'argile entre deux couches d'un rocher en schorl pénétré de stéatite. On rencontre aussi quelques cristaux de roche contenant de la stéatite verte ou blanche, des cristaux de fer micacé, des pyrites, du spath pesant, du schorl vert ou violet.

La montagne d'Oris s'étend jusqu'à la plaine de l'Oisans, et la Romanche la suit en conservant la même direction à quelques petites sinuosités près. Revenons à la description du mont de Lans qui occupe par une de ses faces la rive gauche de cette rivière et se termine aussi à la plaine d'Oisans, à la jonction de la Vener⁹.

La vue se repose délicieusement sur le côté de cette montagne, opposé au sud-est et à la gorge de Maraval. De beaux bois et des terres cultivées qui se présentent comme en amphithéâtre sur une pente très-étendue, contrastent bien avec les rocs arides et déchirés de la gorge de Maraval.

La pierre constituante de la montagne à sa base, de ce côté, est un *kneiss* à couches assez grossières, recouvertes de schistes en quelques endroits et inclinées vers la gorge de Maraval. Sa direction est du sud-est au nord-ouest au tiers à peu près de la hauteur de la montagne sur la face opposée à la gorge de Maraval. On trouve au-dessus des terres cultivées un beau village qui porte, comme la montagne, le nom de *Mont-de-Lans*. Après avoir traversé ce village, en continuant de monter, on côtoye un petit ruisseau dans le lit duquel on remarque des granites roulés. On arrive enfin à une pelouse dont la pente est assez douce, et on apperçoit alors à sa gauche vers le sud-ouest une cime granitique qui s'élève à une grande hauteur. Cette cime est recouverte de bancs calcaires. A droite vers le nord-est on voit les couches de la montagne s'élever le long du cours de la Romanche. Elles forment alors dans la balme d'Oris de grands escarpemens à pic. Si on continue sa marche vers le nord-ouest, on se trouve dans une vallée assez vaste, à l'extrémité de laquelle sont construites une cinquantaine d'habitations. Elles appartiennent à des pâtres qui y demeurent pendant l'été afin d'être plus à portée de veiller aux troupeaux nombreux qui sont entretenus dans les pâturages de

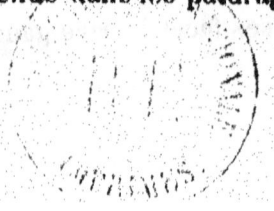

cette montagne. Ces pâtres ne pourroient pas y rester l'hiver à cause de la trop grande quantité de neige qui s'amasse sur ce plateau. Auprès de ce hameau est une espèce de marais dans lequel on extrait de la tourbe; on ne voit aucuns vestiges d'arbres autour de ce marais, ni même sur toute cette partie de la montagne. Cependant la tourbe qu'on extrait contient beaucoup de troncs de bois de 2 à 3 pouces de diamètre, et ces bois ne sont que pénétrés d'eau. Ils ont conservé leur couleur. Les paysans que j'ai questionnés à cet égard n'ont jamais vu de bois sur toute cette plate-forme et n'ont jamais entendu dire qu'il en ait existé ni qu'aucun événement les ait ainsi enfouis; peut-être ces bois étoient-ils sur l'une des pentes qui dominent cette vallée au sud-ouest ou au nord-est, et alors ils ont pu être entraînés par des avalanches et entassés confusément dans cet endroit.

Après avoir traversé le hameau et cette prairie qu'on a rencontrée avec surprise à cette hauteur, on n'apperçoit plus devant soi que des sommets de montagnes nues et chargées de glaces à leur cime, on a à ses pieds une gorge très-profonde à laquelle on ne voit point d'issue; si on veut visiter cette gorge, on descend pendant deux heures à travers de grands bancs de schiste qui occupent le flanc de la montagne vers le nord-est. Cette partie prend le nom d'*Alpe de Venosque*, à cause du village de même nom situé au pied de cette face de montagne en tournant vers l'est. Au fond de la gorge coule le Venéo. Cette rivière reçoit les eaux de la montagne même de *Venosque* et encore toutes celles qui viennent des montagnes au nord-ouest et au nord.

Au-dessus du village de Venosque et sur toute la partie de la montagne du même nom qui s'étend vers l'est et le sud-est, le schiste a disparu et on retrouve les couches de *kneiss*. J'ai remarqué aussi quelques blocs de granite et quelques morceaux de grès micacé, mais ils paroissent y avoir été transportés.

Les habitants de Venosque exploitent aussi dans cette montagne de prétendus filons de *charbon de terre*. La manière d'être ici de ces filons me semble encore venir à l'appui de ce que j'ai déjà dit plus haut sur leur formation. Ils se trouvent entre des couches perpendiculaires de *kneiss*. Il y en a plusieurs à peu de distance les uns des autres. Leurs directions sont parallèles, et ces filons qu'on peut suivre depuis le haut de la montagne jusqu'à la base paroissent très sensiblement s'être formés dans les filons produits par l'écoulement des eaux entre les couches perpendiculaires de *kneiss*. J'ai rapporté quelques morceaux de ces filons, et j'ai trouvé aussi entre les couches beaucoup de végétaux en partie pulvérulents et noirs. Ces filons sont tous très-étroits. Le plus large que j'ai vu avoit à peine 10 pouces de puissance.

Ces espèces de charbonnières avoient été annoncées comme des ressources très importantes pour le pays d'Oisans et qui méritoient qu'on encourageât leur exploitation. Il est heureux sans doute que les habitans de Venosque trouvent là une matière utile à leur chaufage en l'employant avec leur bois ; mais je ne crois pas qu'on puisse compter pour la consommation du pays d'Oisans, sur le produit de ces filons qui me semblent, par leur propre nature et par celle de la montagne dans laquelle ils existent, ne pas promettre une suite avantageuse.

La *Venéo* qui coule d'abord du sud-ouest au nord-est au bas de cette montagne est forcée à demi-lieue de Venosque de changer de direction par un torrent qui descend avec impétuosité des montagnes de glace à l'ouest et au nord, et qui l'oblige à courir du nord-ouest au sud-est dans une gorge profonde qui porte le nom de gorge de Venosque. Entre les sommités des montagnes qui bordent cette gorge, il se trouve au pied des glaciers, plusieurs lacs ; la plupart sont en partie glacés eux-mêmes ; l'un des plus considérables de ces lacs est appelé *le lac Lovetat*[10]. Il arrive quelquefois lorsqu'une fonte considérable de neiges ou de glaces vient grossir tout à coup les eaux de ces lacs, que ceux-ci débordent, et rompant une partie des digues qui les retenoient, inondent toute la gorge de Venosque et vont porter la dévastation jusque dans la plaine d'Oisans, où la gorge de Venosque se termine à la jonction de la Venéo, à la Romanche, à l'endroit nommé *Lapis*, au pied de la face du mont de Lans opposée au sud-sud-est. La Romanche sort alors de la balme d'Oris où nous l'avons quittée pour faire le tour du mont de *Lans*. La face du mont de Lans, au pied de laquelle ces deux rivières se joignent, offre de grandes couches de la roche de schorl très compacte pénétré de stéatite et coupées à pic. C'est vers ce côté du mont de Lans, à l'entrée de la balme d'Oris que se trouve le schorl blanc demi transparent et de forme rhomboïdale applatie, en cristaux souvent empilés les uns sur les autres. Le père Angélique, récollet, qui a bien voulu m'accompagner dans mes courses de montagnes, m'a dit que c'étoit lui qui avait fait cette découverte. Ces cristaux se sont trouvés entre deux couches d'un schorl en roche très dur et très serré ; une argile jaunâtre enveloppe ces cristaux. Ils se trouvent quelquefois entremêlés sur le même morceau avec des schorls violets, ou d'autres de même forme, mais encroûtés d'une espèce d'ocre qui les empêche d'être brillans et transparens.

La Romanche après avoir reçu la Veneo à l'issue de la gorge de Venosque, coule dans la plaine d'Oisans en suivant une direction moyenne du nord-ouest au sud-est.

La plaine d'Oisans a dans cette même direction de 3 à 4 lieues de longueur et environ une lieue de largeur. Elle est cultivée en grande partie et les terres y sont assez fertiles ; mais souvent le laboureur voit ses moissons dévastées et emportées par les débordements de la Romanche, au moment où il étoit près de recueillir.

La plaine d'Oisans est terminée au nord-est et au sud-ouest par une suite de montagnes très élevées et escarpées contre lesquelles sont adossées souvent des couches calcaires. Je n'ai pas eu le tems d'observer assez ces montagnes pour entreprendre de les décrire. Celle de la Gardette et celle des Chalanches qui en font partie et qui me sont bien connues ont été décrites d'une manière très intéressante par M. Schreiberg [1], directeur des mines de Monsieur, à Allmon.

NOTES.

La table des matières donne la date de 1786, mais il n'y a là qu'une erreur d'impression puisque le titre du volume porte juillet 1786, et que le voyage a eu lieu en août et septembre.

[2] Ce nom, qui se retrouve dans Villars et dans Mutel, n'est

plus appliqué à une montagne ; la chaîne de *la Sure*, que décrit si bien Dhellancourt, est celle de l'*Homme*. Le plan cadastral indique la *Seuire* (prononcez *Sourre*) qui veut dire source ; c'est le nom actuel d'un quartier d'Alpage et du ruisseau qui descend du glacier du *Bec*. Le pic de l'*Homme* est appelé, à Villard-d'Arène, le *Bec*, et à la Grave, l'*Homme* tout simplement. Les *Trois-Hommes* sont les petites pointes qui se voient si bien en montant au Lautaret ou à l'Alpe.

Cassini nous donne : *la Chat de l'Homme ; montagne de l'Homme et mines de cristal.* Capitaine indique seulement : *mine de cristal*, dans deux publications : 1° *Carte générale de Dauphiné levée géométriquement par Ordre du Roy, dédiée à M. de la Bove*, par le s^r Capitaine, 1787, en 4 feuilles ; 2° *Carte des départements des Hautes-Alpes, de l'Isère et de la Drôme, avec la configuration des montagnes et la détermination des plus élevées*, etc., par le citoyen Louis Capitaine, vers 1791, en 4 feuilles.

Chanlaire, vers la même époque, fournit *montagne de l'Homme et mines de cristal.*

La mine de cuivre décrite par Dhellancourt est désignée sous le nom de *mine de bas de pic* dans le « *Plan général des mines et établissemens de la Compagnie d'Allemont* ». Paris, Thierry, 1841.

[3] Cet usage persiste dans le pays. Les *clappes* de pain doux se conservent plusieurs années dans une resserre aérée. Nous ne connaissons pas de meilleur moyen de se préserver de la soif et de l'essoufflement que de mettre un morceau de ce pain dans la bouche pendant une course.

[4] C'est le lac du *Pontet*, ou étang d'Arrachon. Depuis la visite de Dhellancourt, le lac a encore diminué ; les mouvements de bascule des terrains vers la Romanche se sont reproduits à Villard-d'Arène, où des maisons se sont lézardées, et où la route nationale a même dû être refaite à plusieurs reprises. Voir sur ce sujet : *Mémoires sur les maladies épidémiques qui ont régné dans la province de Dauphiné, depuis l'année 1780,* par Nicolas. Grenoble, 1786.

[5] Le vrai nom est *Girose* ; il est resté appliqué à la mine de plomb et au beau glacier qui plonge vers la Romanche, à l'Ouest du *Peyrou d'Aval*.

⁶ Schreiber, originaire de la Saxe, ancien directeur des mines d'Allemont.
⁷ Combe de Malaval.
⁸ Huez.
⁹ Le Vénéon.
¹⁰ Lac de Lauvitel.
¹¹ Outre les articles de Schreiber dont parle Dhellancourt, on connaît une série d'écrits de la même époque concernant le *Haut-Dauphiné*. Les plus remarquables sont dus à Bernard, Binelli, Bournon, Coquebert de Montbrey, baron de Dietrich, Dorthes, Guettard, Héricart de Thury, Monnet, Mongez, Prunelle de Lièrre, Sage, Villars, etc.

P. G.

Extrait de l'*Annuaire de la Société des Touristes du Dauphiné*,
Année 1891.

Grenoble, imp. Allier.

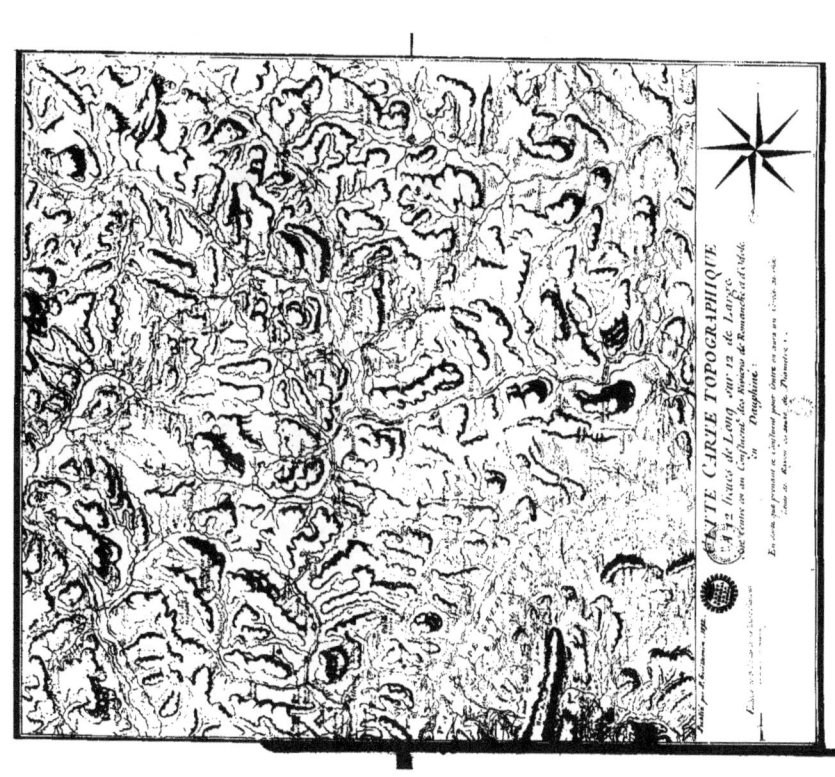

www.ingramcontent.com/pod-product-compliance
Lightning Source LLC
Chambersburg PA
CBHW070427080426
42450CB00030B/1822